FALTA MUITO?

Jenny Austin

Título do original: Are we getting close yet?
Autor: Jenny Austin

Parragon
Queen Street House
4 Queen Street
Bath BA1 1HE, Reino Unido
www.parragon.com

Copyright © Parragon Books Ltd 2012
Produzido por Instinctive Product Development

Coordenação Editorial: Daniel Stycer
Edição: Renata Meirelles
Direção de Arte: Leo Fróes
Tradução: Davi de Figueiredo Sá
Diagramação: Vanesa Mattos
Produção Gráfica: Jorge Silva

Todas as marcas contidas nesta publicação, bem como os direitos autorais incidentes, são reservados e protegidos pelas Leis nº 9.279/96 e nº 9.610/98. É proibida a reprodução total ou parcial, por quaisquer meios, sem autorização prévia, por escrito, da editora.

Copyright da tradução © 2012 by Ediouro Publicações Ltda.

Ediouro Publicações Ltda.
Rua Nova Jerusalém, 345 – CEP 21042-235 Rio de Janeiro – RJ
Tel.: (21) 3882-8200 / Fax: (21) 2290-7485
e-mail: coquetel@ediouro.com.br
www.coquetel.com.br
www.ediouro.com.br

Impresso na China

ÍNDICE

Introdução 8
Antes de Começar os Jogos 9
Linguagem de Sinais 12
Animais de A a Z 14
Embaralhadas 16

Jogo da Aliteração 18
Trem de Palavras 19
Velocidade Média 20
Eu Fui à Loja 22
Sinalização Confusa 24
Palavras que Rimam 26
Saindo da Conta 28
Soletrar 29

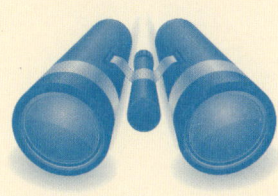

Jogo da Velha 30
Fecha Quadrado 32
Forca 34
Batalha-Naval 36
Passe o Desenho 38
Adivinhe o que Estou Desenhando 40
Joquempô 42
O Mestre Mandou 44
Não Diga Uma Palavra 46
Faça o que Eu Faço 48
Jogo do Aceno 49
1, 2, 3, Fogo! 50

Caras Engraçadas 51
Jogo do Sério 52
Mímica 53
Vidente 54
Países do Mundo 56
Povos e Populações 57
Animais 58
Espaço e Planetas 59
Quente ou Frio? 60
Cães 61
Ciência Esportiva 62
Tribos e Costumes 63
Inventores e Invenções 64

Estradas e Veículos 65
Comida e Suas Origens 66
Animais Pré-Históricos 67
O Corpo Humano 68
Matemática e Números 69
Metais e Elementos 70
As Montanhas Mais Altas 71
Invente Seus Próprios Jogos 72
Respostas 74
Créditos 78

LEGENDA

Visual | Fala | Número de Jogadores | Idade | Dificuldade | Movimentos Faciais

Com Tempo | Mistério | Lápis e Papel | MP3 Player | Ação | Encenação | Testes

Introdução e Dicas úteis

Introdução

Você já deve ter visto o livro gêmeo deste aqui, *Falta Muito? 1*. Nele, apresentamos jogos divertidos para fazer as viagens passarem mais rápido – mas que também podem ser aproveitados em quaisquer ocasiões, seja em família ou com os amigos.

Neste livro, apresentamos mais alguns jogos, mas com uma diferença: lá, priorizamos aqueles que não precisavam de lápis e papel para brincar, o que facilita sua adoção durante uma viagem; aqui, também temos jogos e brincadeiras apropriados tanto para viagens quanto para qualquer tempo livre que você tenha com os pequenos, mas a maioria destes requer que se escreva alguma coisa.

Os jogos que trazemos neste livro vão ajudar bastante no desenvolvimento mental dos pequenos, pois mexem com a capacidade de reorganizar as letras para formar palavras e frases, com o domínio das letras do alfabeto, vocabulário, números e conhecimentos gerais. Isso pode até ajudá-los na lição de casa! (Mas não conte isso para as crianças...)

Esperamos que você se divirta tanto com este livro quanto com o outro!

Antes de Começar os Jogos

Antes de começar a jogar, estabeleça algumas regras básicas. A maior parte delas é senso comum e, se as crianças não se comportarem direito, essas regras podem ser lidas para elas quando necessário. Surpreendentemente, os pequenos tendem a aceitar coisas que estão escritas e são lidas, em vez de apenas ouvirem a mesma coisa dos pais.

Certifique-se de que há uma quantidade suficiente de papel para todos e que os lápis estão apontados – e de que haja um apontador por perto ou alguns lápis de reserva.

Antes de fazer qualquer das brincadeiras, deve-se decidir quem arbitrará quaisquer disputas sobre os resultados ou decisões dos jogos. De preferência, deve ser alguém que não esteja participando de algum jogo ou rodada, ou alguém que não se beneficiará da mediação. O mesmo se aplica à indicação de alguém para anotar o placar, a menos que se decida de outra forma antes do início do jogo ou da rodada.

Divirta-se com os jogos!

Jogos

Linguagem de Sinais

1+   9-99   Difícil

Linguagem de Sinais é um jogo para crianças um pouco mais velhas e adultos. O desafio é um quebra-cabeça e exige que os jogadores inventem outras palavras e frases a partir das que aparecem em placas e sinais ao longo da estrada.

O Jogo:

Uma pessoa do carro deve escolher uma palavra ou frase de um sinal ou placa que possa ser vista por todos os jogadores. Para começar, é melhor escolher uma palavra ou frase razoavelmente simples.

Os jogadores devem escrever a palavra escolhida e, a partir dela, anotar outra palavra ou frase usando a maior quantidade possível de letras da original. Após um período de tempo ou distância determinado, o jogo para e a diversão começa. Os jogadores se revezam lendo a palavra ou frase original, seguida pela que inventou.

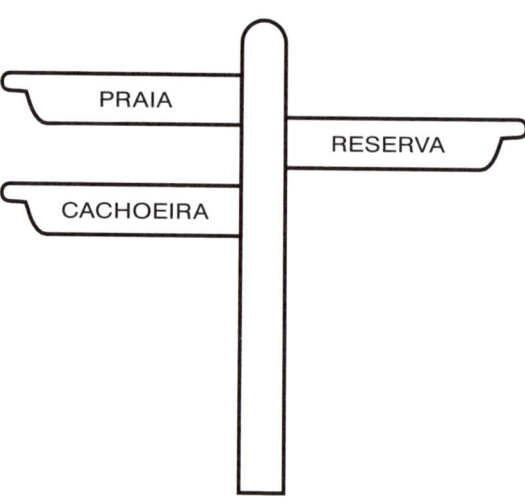

O jogo pode ser praticado por pontos individualmente ou por equipes, usando-se um método simples de "1 ponto por letra" para cada palavra ou frase construída a partir da original. Quaisquer letras da palavra ou frase original deixadas de fora resultam na perda de um ponto a cada letra não usada. As letras só podem ser usadas o mesmo número de vezes em que aparecem na palavra ou frase original.

Alguns exemplos são:

1) Cuidado. – Acudido.

2) Vire à Direita. – Vida Reiterai.

3) Vire à Esquerda. – Queda Varie Rés

4) Siga em Frente. – Sinta. Refém.

Os três primeiros exemplos são anagramas em que todas as letras da palavra ou frase original foram usadas. Cada letra foi usada o mesmo número de vezes em que aparece na palavra ou frase original.

No exemplo 4, o jogador conseguiu formar duas palavras ("sinta" e "refém"), que lhe dariam 10 pontos, mas, como não usou a letra G, perde 1 ponto por ela (seriam 2 se tivesse deixado de usar duas letras, e assim por diante), o que dá um total de 9 pontos.

As frases podem proporcionar bastante diversão – e podem render uma grande pontuação geral para qualquer jogador que consiga inventar uma frase engraçada ou que faça sentido usando a maioria, ou todas, as letras da placa escolhida:

Sociedade Esportiva Palmeiras – Palmas para o resto, vice sede.

O maior desconto – Só cai morto onde.

Traga seus amigos – Gastei ruas gomas.

Regras:
Vale quase tudo (mas não valem palavrões nem nada malvado!). Sensível ou bobo – tudo vale pontos. Você pode até se divertir bastante com as tentativas frustradas de alguém. Mas lembre-se de que seus próprios esforços podem virar a diversão de seus amigos!

Um avião cai bem na fronteira dos Estados Unidos com o Canadá. Onde se enterram os sobreviventes?

Eles não são enterrados, pois são sobreviventes.

Animais de A a Z

1+   6-99   Média

Animais de A a Z é um jogo divertido que faz a alegria das crianças mais novas que conseguem ler e escrever o alfabeto e formar palavras simples. Também pode ser adaptado para crianças mais jovens com a ajuda de uma outra mais velha ou um adulto. Se uma criança tem tendência a ficar enjoada no carro, pode-se jogar verbalmente.

O Jogo:

Cada jogador deve listar as letras do alfabeto do lado esquerdo de uma folha de papel (ou em colunas com espaço suficiente para escrever ao lado de cada letra). Isso dá aos mais novos a oportunidade de reforçar o que aprenderam na escola e é uma experiência de aprendizado útil.

Quando se disser "Já!", o jogo começa. Cada jogador deve escrever o nome de um animal próximo à letra com que seu nome começa, como, por exemplo, C-ã-o.

Se estiver jogando verbalmente com crianças mais novas, pode-se perguntar a elas o nome de um animal que comece com A (ou sua pronúncia fônica, se elas estiverem sendo alfabetizadas por esse método).

Animais que estejam representados ou cujos nomes estiverem escritos em placas estão liberados. Um ponto é dado para cada animal que for corretamente nomeado. São dados pontos em dobro para cada animal cujo nome for soletrado corretamente. Um ponto extra pode ser dado se um dos animais de verdade for visto durante o jogo!

zebra

Regras:
Um pai ou criança mais velha deve se certificar de que todos os jogadores escreveram todas as 26 letras do alfabeto antes do início do jogo. Também deve ser decidido quais letras serão excluídas. A letra "K" pode ser o primeiro problema, mas a ave kiwi, que começa com essa letra, seria um exemplo, apesar de provavelmente ser desconhecida para as crianças. O mesmo pode acontecer com a letra Q (outro nome da mesma ave é quivi), então talvez seja melhor eliminar essas letras.

Embaralhadas

1+   9-99   Média

Embaralhadas é um jogo para crianças mais velhas – incluindo adultos! Os pais podem decidir por si mesmos se seus filhos conseguem jogar esse passatempo com palavras. Listas de palavras e frases embaralhadas devem ser postas em ordem para se encontrar a resposta para o código secreto.

O Jogo:

Os participantes devem decifrar as palavras ou frases da lista de palavras misturadas dada. Para isso, devem escrever o número do jogo que está sendo usado, com sua resposta ao lado da letra correspondente ao item.

Por exemplo:

Jogo X:
a = ISRCAMO (MARISCO)
b = ORDIPE (PRÉDIO)

As soluções devem ser óbvias, mas (só para garantir!) as respostas são dadas ao final do livro (página 74). Pista – cada jogo tem um tema em comum.

Variação:
Também pode ser jogado com uma pessoa embaralhando suas próprias palavras e todos os demais tentando adivinhar.

Regras:
Não há nenhuma, exceto NÃO OLHAR as respostas!

Jogo 1:
a) ZALU b) ANLRJAA c) LORAMEA d) XOOR e) RVDEE f) ORAS
g) MMRROA h) TEORP i) IGONID j) OACNRB

Jogo 2:
a) CAAV b) ODEB c) HAOLVE d) PTILENAO e) ETALEFNE f) RETGI
g) RTOABUÃ h) SOUR-ROPLA i) ODRALPOE j) ECLNI

Jogo 3:
a) ASELI b) OGREJ c) TRAINM d) MALEAP e) BEDRAO f) AELNMADA
g) TINCHISAR h) YLKEL i) AADMAN j) LANDOD

Jogo 4:
a) APULTI b) DRAMAGIRA c) ONICTJA d) OSIARNC e) QRIOUEAD
f) TONMESRCIA g) LATEOIV h) ASRO i) MACAEIL j) LORIGSAS

Jogo 5:
a) WEN KROY b) DYSEYN c) BRIMEL d) MORA e) BAMMIU f) OSÃ OUPLA
g) SHANJNOBRUGEO h) CRNAAA i) OGLETWINLN j) CRAA

Jogo 6:
a) STINE b) FLOBTUE c) LOEVOLBI d) FOLGE e) IEOQUH f) SLEBEBOI
g) BIUGR h) LOSMAITET i) KESTA j) LICCMISO

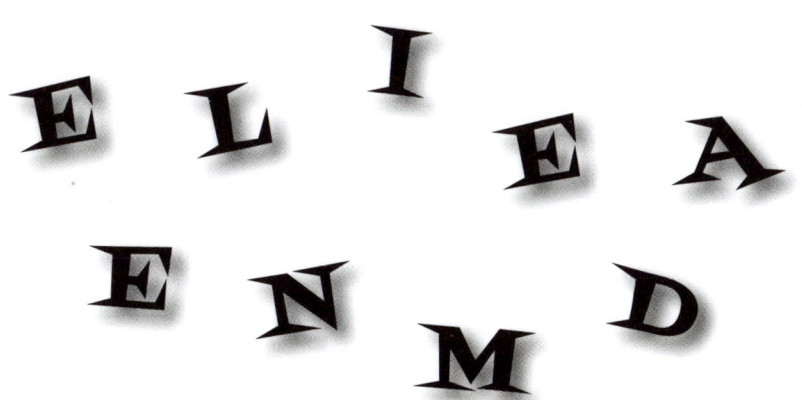

Jogo da Aliteração

2+   5-99   Fácil

O **Jogo da Aliteração** parece, pelo nome, ser complicado ou difícil – mas não é! É uma brincadeira bem divertida que deve ser boa para toda a família, em particular para os pequenos, que vão gostar de inventar frases engraçadas.

O Jogo:

O objetivo do jogo é que os jogadores se revezem bolando frases contendo aliterações, com três palavras ou mais, sendo que todas devem começar com a mesma letra do alfabeto. Por exemplo:

"Tímido Taxista Timóteo" ou "Silvio Sabe Somar"

Pode-se jogar usando a primeira letra do nome de alguém, de um animal ("Rico Rato Rebelde") ou de qualquer outro objeto para formar uma frase. Lembre-se de permitir o uso de fonemas pelos mais novos – o jogo funciona mesmo assim!

Regras:

Vá inventando à medida que o jogo vai acontecendo – quase qualquer coisa vale, mas cada palavra da frase deve começar com a letra escolhida. Seja engraçado o quanto quiser – fica mais divertido!

Variação:

Crianças mais velhas podem tentar formar frases de quatro palavras – mais difícil, mas não impossível. Por exemplo: "Linda Luz Laranja Ligada".

Trem de Palavras

1+   7-99   Média

Trem de Palavras pode ser jogado por diversão ou desafio por equipes.

O Jogo:

Antes de começar, uma palavra de início (a locomotiva) deve ser escolhida. A partir dela, os jogadores devem escrever uma palavra na sequência que comece com a última letra da anterior, e assim por diante, ligando as palavras do trem com um travessão (–) para representar as ligações entre os vagões no trem de palavras.

No exemplo, a palavra inicial (locomotiva) está puxando três vagões (palavras):

Trem – Motor – Roda – Automotor – ?

O trem de palavras pode ser uma sequência aleatória qualquer de palavras. Para dificultar, pode ser temática, com cada palavra devendo ter relação com um assunto específico (ferrovia, como no exemplo acima, animais, nomes de pessoas etc.). Quem formar o "trem" (número de palavras) mais comprido vence a rodada e pode escolher o próximo assunto ou tema e a palavra que servirá de "locomotiva".

Variação:
Este jogo pode ser verbal, com as pessoas se revezando. Dificulte para a pessoa que for depois de você com palavras como "tórax".

Regras:
As palavras do trem devem ser soletradas corretamente – o árbitro deve julgar quaisquer disputas. Escrever errado alguma palavra causa a perda dos pontos correspondentes a ela e às seguintes. O trem mais longo é aquele com mais "vagões" (palavras), não o que tiver mais letras!

Velocidade Média

1+   11-99   Difícil

Velocidade Média é feito para manter as crianças maiores ocupadas – e para ajudá-las com a lição de casa (mas não conte isso a elas!). Os adultos também podem brincar.

O Jogo:

Para jogar, devem-se calcular as distâncias e os tempos de viagem cobertos por um veículo viajando a certa velocidade média. Também é possível calcular a velocidade média do carro ao longo de uma distância específica se o tempo de duração da viagem for conhecido (excluindo as paradas). Usando as fórmulas simples:

1) Velocidade x Tempo = Distância

2) Velocidade Média = $\dfrac{\text{Distância}}{\text{Tempo}}$

3) Tempo = $\dfrac{\text{Distância}}{\text{Velocidade}}$

é possível descobrir o tempo gasto cobrindo uma distância específica – se forem dadas a distância que deve ser percorrida e a velocidade média a ser mantida. Por exemplo, uma distância de 100 quilômetros a uma velocidade média de 40 km/h levará 2,5 horas (100 quilômetros ÷ 40 km/h = 2,5 horas).

Usando-se as outras fórmulas, pode-se calcular a velocidade média a partir de uma distância conhecida em certo tempo, assim como a distância percorrida com velocidade média conhecida e dentro de dado período de tempo também pode ser encontrada.

Perguntas:

1) Jane dirige a uma média de 45 km/h em uma viagem de 135 km. Quanto tempo leva a viagem?

2) Chris anda de bicicleta a uma velocidade média de 8 km/h. Se ele pedalar por 6,5 horas, qual distância vai percorrer?

3a) Nikki deve viajar um total de 351 km. Ela percorre os primeiros 216 km em 4 horas. Qual a velocidade média da primeira parte da viagem?

3b) Se sua velocidade média for a mesma por todo o percurso, qual será o tempo total da viagem?

4) Jim percorre 45 km a 15 km/h. Quanto tempo ele leva?

5) Pamela anda a 4 km/h por 2,5 horas. Qual a distância que ela percorre?

6) Um carro viaja 300 km em 5 horas. Qual a velocidade média?

7) Calcule a distância viajada se você dirigir por 1,5 hora a 42 km/h.

8) Quanto tempo se leva para viajar 385 km a 70 km/h?

(As respostas estão no final do livro, nas páginas 74 e 75.)

Regras:
Não vale usar calculadoras, computadores ou outros aparelhos – descubra os resultados usando apenas o cérebro (ou lápis e papel).

Eu Fui à Loja

2+   4-99   Média

Eu Fui à Loja também é conhecido como Jogo das Compras. É uma brincadeira para todas as idades que precisa apenas do alfabeto, da imaginação e da voz. Uma boa memória é uma grande vantagem!

O Jogo:

Antes de começar o jogo, os itens a serem "comprados" devem primeiro ser escolhidos. Nos exemplos mostrados, o tema é "comida", apesar de qualquer tipo de coisa que possa ser comprada em uma loja possa ser escolhido.

O jogo começa com o primeiro jogador escolhendo um item de "comida" começando com a letra A. Ele então diz: "Fui à loja e comprei... um Abacate".

O próximo jogador deve repetir a frase "Eu fui à loja e comprei um Abacate" e adicionar uma comida que comece com a letra B, como:

"Eu fui à loja e comprei um Abacate... e um Bolo." O próximo participante deve repetir a frase dita pelo último jogador, então somar uma comida que comece com a letra C. E assim por diante.

O jogo continua até que todas as letras do alfabeto tenham sido usadas – ou até que ninguém mais tenha ideias!

Toda uma variedade de temas pode ser usada. Apenas certifique-se de que uma sequência razoável de letras do alfabeto esteja disponível para as primeiras letras do assunto escolhido. Se optar por animais, por exemplo, troque a frase para combinar com o assunto: "Eu fui ao zoológico e vi um Avestruz... etc."

Variação:

Pode-se alternar singular e plural, como em "... um Abacate, uns Bolos, uma Cebola..." ou, para testar a memória, um número pode ser usado na sequência com a nova letra do alfabeto.

"Fui à loja e comprei 1 Abacaxi", com o jogador seguinte adicionando à sequência de números e letras: "Fui à loja e comprei 1 Abacaxi... e 2 Beterrabas...". e assim por diante.

Regras:

Todos os jogadores devem dizer corretamente a lista inteira de itens. Quem errar um deles está fora do jogo. O vencedor é o último a conseguir repetir a lista corretamente e adicionar um item próprio a ela.

Sinalização Confusa

1+   7-99   Média

Sinalização Confusa é um jogo de letras e números que pode ajudar a passar o tempo para adultos e crianças que consigam inventar palavras diferentes a partir das letras que aparecem em placas, sinais de trânsito ou outdoors.

O Jogo:

Os jogadores devem inventar uma ou mais palavras diferentes daquelas que aparecem em sinais de trânsito ou em anúncios publicitários. Um bom ponto de partida é escolher o primeiro sinal que aparecer após a próxima ponte ou junção.

Quando a primeira placa for vista, os jogadores devem primeiro anotar as palavras contidas nela. Se houver muitas, escolha apenas uma linha para o jogo.

Os participantes devem, então, formar o maior número possível de palavras a partir daquelas que foram escolhidas da placa ou sinal. As letras só podem ser usadas o mesmo número de vezes em que aparecem na palavra ou frase escolhida. Por exemplo, a partir da placa "OBRAS À FRENTE", os jogadores devem escrever o maior número de palavras que conseguirem. Uma boa dica é anotá-las em um círculo, como aquele usado por algumas pessoas quando tentam resolver pistas enigmáticas em jogos com palavras.

No exemplo OBRAS À FRENTE, as palavras ARTE, SETE e FEBRE são apenas três exemplos de termos que podem ser formados – tente encontrar palavras maiores por conta própria!

Variação:

Os jogadores se revezam na "tradução" de uma placa em suas próprias palavras, mas mantendo o mesmo sentido ao substituir uma palavra pela outra. Não é preciso escrever nada – traduções espontâneas são mais divertidas! No exemplo anterior, OBRAS À FRENTE pode ser mudado para TRABALHO PESADO ADIANTE.

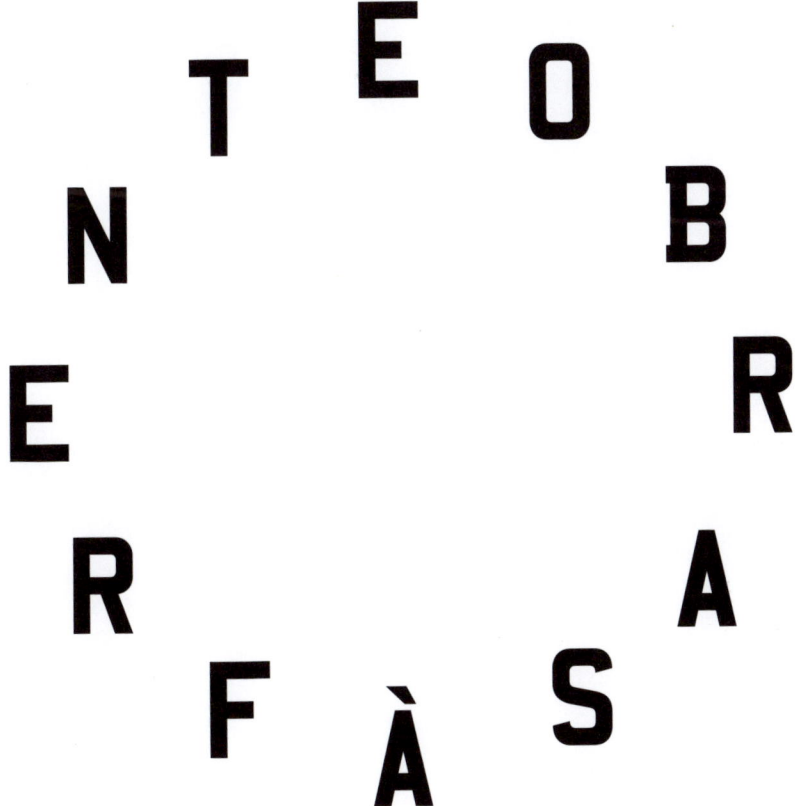

Regras:

Lembre-se de que as letras só podem ser usadas o mesmo número de vezes em que aparecem na palavra ou frase escolhida.

Palavras que Rimam

1+   7-99   Média

Palavras que Rimam pode ser jogado por qualquer número de pessoas. Também pode ser uma maneira divertida de verificar sua compreensão dos sons das palavras e o reconhecimento das letras associadas (particularmente dos membros mais jovens do grupo) sem que se perceba!

O Jogo:

Os participantes devem dizer palavras que pareçam e/ou soem iguais àquela com que se começar: PASTEL (pincel, painel, papel etc.).

Quem conseguir o maior número de vocábulos que rimem com a palavra inicial é o vencedor da primeira rodada e pode escolher o termo seguinte.

Palavras que Rimam pode ser jogado em equipes ou individualmente. O número total de palavras que rimam, quando somado, indica a pessoa ou equipe vencedora.

Regras:

Lembre-se de que o objetivo do jogo é encontrar palavras que rimam: isso inclui aquelas que não sejam necessariamente formadas pelo mesmo conjunto de letras da palavra inicial. No exemplo dado acima (PASTEL), a palavra "chapéu" rima com "pastel, mas tem letras diferentes. Se a palavra soar parecida (rimar), é permitida – mas os jogadores devem soletrar corretamente para marcar um ponto. A mesma regra se aplica para jogos alternativos em que uma letra inicial é dada.

Alguns exemplos de palavras que rimam estão listados abaixo para ajudá-lo a começar, mas não deixe que os outros jogadores vejam – apenas dê a eles as letras ou palavras iniciais em destaque:

ito – palito, mosquito, cabrito

ala – mala, bala, sala, vala, coala, estala

ête – sorvete, foguete, bilhete, banquete, rabanete, alfinete, cacoete

éte – pivete, chiclete, maquete, raquete, omelete, garçonete, lanchonete

ado – dado, gado, teclado, melado, gelado, furado, quebrado, lotado

ar – cantar, pular, rimar, olhar, virar, jogar, cozinhar, estudar, bagunçar

er – comer, correr, mexer, vencer, vender, entender, surpreender

ote – caixote, filhote, cangote, chicote, serrote

ina – cantina, rapina, bailarina, argentina, gelatina, gasolina

oca – paçoca, minhoca, judoca, tapioca, chacota, fofoca, carioca

il – canil, gentil, funil, Brasil, viril, febril, anil, civil

ão – anão, caminhão, aberração, injeção, rejeição, furacão, abolição

ol – anzol, girassol, futebol, caracol, cachecol, farol

ano – fulano, cigano, baiano, serrano, italiano, vegetariano

arra – barra, farra, cigarra, guitarra, bocarra, algazarra

O que é alto quando é novo, mas fica baixinho quando fica velho?

Uma vela.

Saindo da Conta

2+   5-99   Média

Saindo da Conta é um jogo numérico que também reforça o dever de casa das crianças e desenvolve sua capacidade de se lembrarem de sequências numéricas.

O Jogo:

Cada jogador deve, na sua vez, dizer a sequência de números. Para os participantes mais jovens, essas sequências devem ser razoavelmente simples, como, por exemplo, de 1 a 10. Para testar sua compreensão, peça que comecem com um número dentro desse intervalo, de 3 a 8 ou algo parecido. O jogador que errar a sequência deve começar de novo!

Os participantes mais velhos podem receber sequências mais difíceis, como, por exemplo, contar de trás para frente, pares e ímpares, de cinco em cinco começando em qualquer número que não seja 5 etc. Os jogadores podem decidir entre si quem é o vencedor!

Regras:
Não vale escrever os números! Os dedos podem ser usados se isso ajudar.

Soletrar

2+   5-99   Média

Soletrar é um jogo tradicional de que a família toda pode participar.

A primeira competição oficial ocorreu em 1925, quando um menino de 11 anos chamado Frank Neuhauser venceu a 1ª Competição Nacional de Ditado dos EUA, disputada em Washington. Os nove finalistas foram convidados a conhecer o presidente Calvin Coolidge na Casa Branca. Essa tradição vem sendo seguida pela maioria dos presidentes norte-americanos desde aquele ano.

O Jogo:

Este jogo deve ser arbitrado por um pai ou uma criança mais velha com bons conhecimentos das palavras. As crianças se revezam tentando soletrar uma palavra que seja apropriada à sua faixa etária. É mais divertido se termos mais difíceis forem usados para os jogadores mais velhos.

A competição pode ser individual ou em equipes, mas, sempre que possível, tente formar times que estejam em níveis similares de alfabetização.

Regras:
Para evitar brigas, as palavras podem ser tiradas de um jornal ou livro para que possam ser mostradas a qualquer um que tenha uma diferença de opinião quanto à sua escrita correta. Isso também pode ser feito para mostrar o contexto em que aquele termo é usado.

Jogo da Velha

2   4-99   Média

O **Jogo da Velha** é simples, mas cativante para quase todas as idades – porém sua limitação o torna mais apropriado para crianças mais novas, que começarão a desenvolver táticas do jogo por si mesmas. Acredita-se que tenha surgido por volta do século I a.C.

O Jogo:

Uma grade de 3x3 é desenhada em um papel. Os dois jogadores, X e O, se revezam marcando seu símbolo em um dos espaços da grade. O primeiro a colocar seu símbolo em uma posição que crie uma linha reta contendo três deles vence. A vitória é ainda mais satisfatória quando um jogador passa uma linha sobre seus três símbolos sequenciais.

Tradicionalmente, o jogador usando o X é o primeiro, então isso deve ser decidido antes de começar. Para evitar problemas, alterne os jogadores entre X e O, se necessário.

Regras:
Cada jogador pode colocar apenas um símbolo por vez. Somente linhas retas de três Xs ou Os vencem o jogo.

No exemplo abaixo, X vence o jogo:

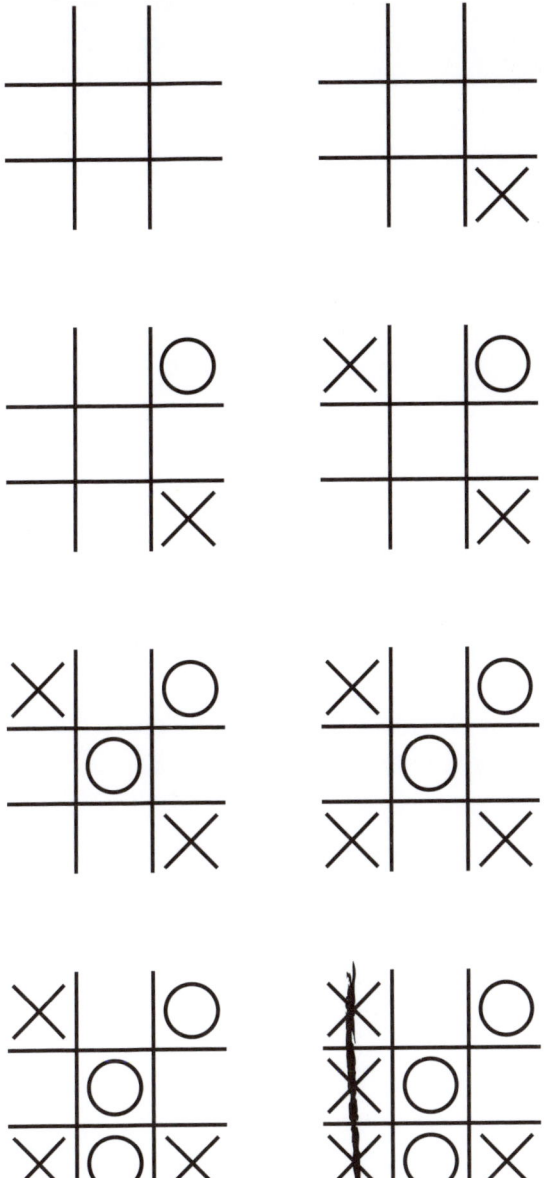

Fecha Quadrado

2+   6-99   Média

Fecha Quadrado é um jogo simples. Os participantes devem fechar um quadrado desenhando linhas retas entre dois pontos adjacentes.

O Jogo:

Um jogador desenha um diagrama composto de pontos equidistantes em uma folha de papel. Se houver papel quadriculado, ele pode ser usado. O diagrama pode ter qualquer tamanho, mas saiba que, quanto mais pontos, mais longo será o jogo. A página ao lado pode ser copiada para facilitar.

Os jogadores se revezam desenhando linhas retas entre quaisquer pontos adjacentes, mas apenas na horizontal ou na vertical. O jogo fica mais interessante – e mais difícil – à medida que as linhas vão sendo desenhadas.

O objetivo é desenhar a última linha que fecha um quadrado. Quando isso ocorrer, quem fechou o quadrado escreve sua inicial dentro dele para mostrar que ganhou aquele ponto. Quando todos os quadrados tiverem sido fechados, o jogo acaba e as iniciais são contadas para ver quem fechou mais quadrados e, portanto, venceu.

Como esse é um jogo de estratégia, os participantes devem enganar seus oponentes para que eles pensem que se pretende fechar um quadrado quando a ideia é fechar outro em outro lugar do diagrama.

Regras:

Apenas dois pontos adjacentes da grade podem ser unidos por uma linha: quadrados maiores não contam. Diagonais não são permitidas – o objetivo é fechar quadrados, e não triângulos, a menos que você consiga criar seu próprio jogo usando esse método!

Qual a fruta mais inteligente?

Diagrama Vazio

A

Exemplo

A banana, que tem 3 As e 1 B.

Forca

| 2 | 5-99 | Média |

Forca é um jogo de adivinhação em que um participante pensa em uma palavra e o outro tenta adivinhar sugerindo uma série de letras que ela pode conter. Acredita-se que tenha suas origens na era vitoriana.

O Jogo:

Cada jogador começa desenhando uma forca e a corda como na figura (1) na página ao lado. Quem for começar pensa em uma palavra e diz ao oponente quantas letras ela contém e desenha o mesmo número de espaços abaixo da forca.

Quem estiver adivinhando escolhe uma letra que acredita que possa estar na palavra (uma vogal é um bom começo). Quem escolheu o vocábulo diz se aquela letra está nele – se estiver, informa qual posição (ou quais posições) essa letra ocupa no termo e a escreve sobre os espaços correspondentes, marcando sua posição certa dentro da palavra.

Se a letra não estiver na palavra, é desenhada a primeira parte do enforcado (2) – neste caso, a cabeça. Para cada erro, outra parte do corpo é adicionada ao desenho (3 a 6). O jogo continua até que a palavra seja corretamente adivinhada ou o enforcado seja completamente desenhado (7). Nesse último caso, quem estava adivinhando perde o jogo.

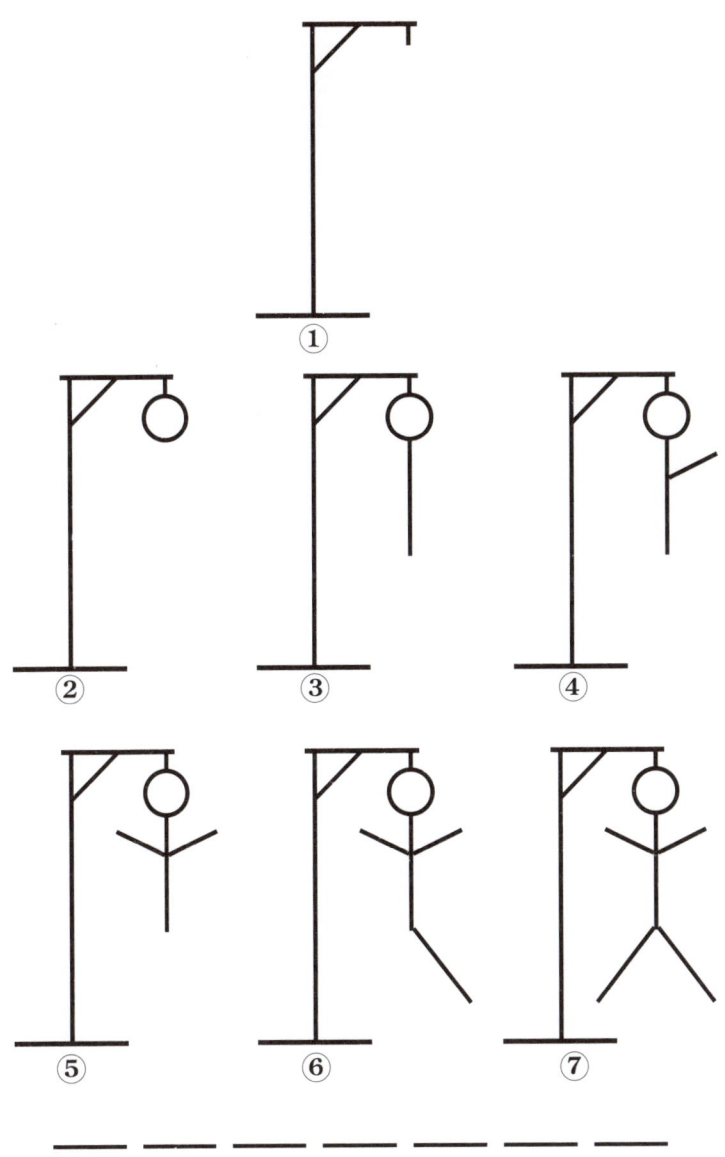

Regras:
Quem escolheu a palavra deve informar a posição correta de cada letra. Se a letra surgir mais de uma vez, isso também deve ser dito, junto com todas as posições em que ela surgir.

Batalha-Naval

| 2 | 5-99 | Média |

Batalha-Naval é jogado com lápis e papel e usa a intuição e as habilidades estratégicas do jogador para afundar a frota de embarcações do adversário.

O Jogo:

Para esse jogo, são necessárias folhas quadriculadas. Os participantes desenham duas grades de 10x10 quadrados em suas folhas como na página ao lado, com as letras e os números ao longo da lateral e da margem superior. A página ao lado pode ser fotocopiada para o jogo.

Antes de começar, cada jogador marca em segredo sua grade (Minhas Embarcações) com uma quantidade previamente imaginada de embarcações. Tradicionalmente, os navios ocupam as seguintes quantidades de quadrados: Porta-Aviões = 5 Quadrados; Encouraçado = 4; Cruzador = 3; Destróier = 3; Submarino = 2. É possível combinar tamanhos diferentes antes de o jogo começar. Normalmente, apenas um porta-aviões é permitido. As embarcações não podem se sobrepor e cada série de quadrados representando uma embarcação deve seguir uma linha reta, horizontal ou vertical.

Após a marcação das posições das embarcações na grade, o primeiro jogador escolhe uma coordenada, como A-3, que é onde ele irá "atirar". Se qualquer embarcação ou parte dela ocupar aquele quadrado, ela é acertada, o jogador que marcou aquela embarcação deve dizer "Fogo" e o quadrado deve ser preenchido para sinalizar o acerto.

Cada jogador deve marcar seus próprios "tiros", anotando-os em seu quadro de "Embarcações Inimigas" com um ponto ou alguma marca similar, porque isso ajuda a evitar tiros errados – os acertos devem ser marcados com um X para dar um ponto de referência para os tiros seguintes. Se o quadrado estiver vazio, o jogador sortudo diz "Água". Os jogadores se alternam até que um deles fique sem embarcações ou, ao menos, partes delas. Quem ainda tiver embarcações (ou partes) vence.

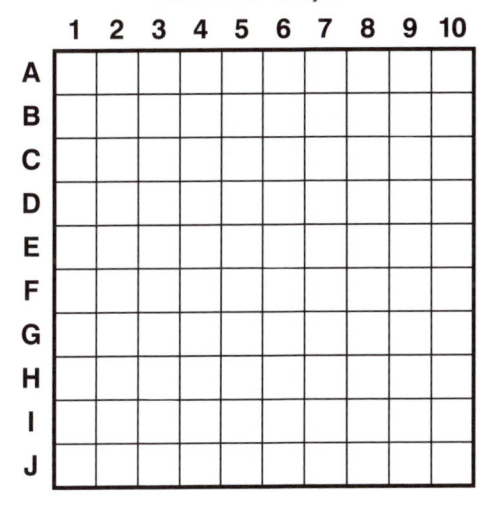

Minhas Embarcações

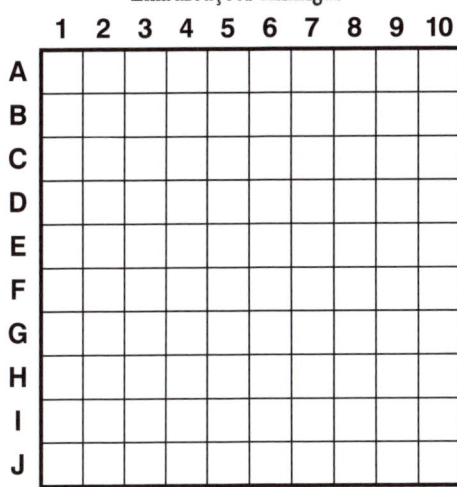

	1	2	3	4	5	6	7	8	9	10
A										
B										
C										
D										
E										
F										
G										
H										
I										
J										

Exemplo

Minhas Embarcações

	1	2	3	4	5
A				X	
B				X	
C					
D					

Embarcações Inimigas

	1	2	3	4	5
A		•			
B	•		X	X	•
C			•		•
D					

Embarcações Inimigas

	1	2	3	4	5	6	7	8	9	10
A										
B										
C										
D										
E										
F										
G										
H										
I										
J										

Regras:

Os jogadores devem ser honestos entre si e declarar os acertos com sinceridade e esportividade.

Passe o Desenho

3+   5-99   Média

Passe o Desenho é um jogo simples de desenho, que precisa apenas de papel e lápis.

O Jogo:

A forma mais simples deste jogo é aquela em que todos os participantes contribuem para um desenho em grupo. Ponha uma folha de papel sobre uma prancheta ou outra superfície firme. Uma pessoa é escolhida para começar o jogo desenhando um item ou objeto na folha, deixando espaço em branco suficiente para que os outros "artistas" possam desenhar também seus objetos para construir uma imagem.

Como sugestão, os jogadores podem desenhar objetos dos cenários à sua volta. Em uma viagem de carro, por exemplo, o primeiro pode desenhar uma vaca, o segundo, uma fazenda, o seguinte, um poste, e assim por diante. Esse jogo pode evoluir para uma variação alfabética, em que o primeiro participante desenha algo que comece com A, o segundo adiciona um objeto começando com B etc. (avião, bicicleta, casa, dente...).

Variação:

Os participantes podem se revezar para nomear um personagem que deverá ser desenhado do jeito descrito. Pode ser uma sereia, um policial ou qualquer outro que surja na imaginação – os resultados podem ser bem divertidos.

Variação:

Este é um velho favorito – cada um desenha uma parte. Um pedaço de papel é dobrado cinco vezes ao longo de seu comprimento, com cada dobra ficando atrás da anterior, como se ele houvesse sido enrolado e depois amassado. Começando pela dobra de cima, o primeiro jogador deve desenhar um chapéu, então dobra o papel para trás para que o próximo "artista" não veja o que ele desenhou. Passando a folha dobrada para o próximo jogador, ele deverá desenhar uma cabeça, então dobrar o papel para que os próximos adicionem o corpo e os braços (não se esqueça de desenhar roupas!), as pernas e, finalmente, os pés (com ou sem sapatos ou botas) da mesma forma, dobrando a folha após cada um fazer seu desenho. Cada artista pode decidir se seu desenho é de um personagem masculino ou feminino, adulto ou criança – vale tudo. Quando terminar, passe o desenho para os outros para que todos possam admirar o trabalho!

Variação:

Outro jogo divertido para duas pessoas chama-se Desenhe a Partir do Meu Rabisco. Nele, uma pessoa desenha um rabisco – sem tirar o lápis do papel. A outra tenta transformar aquele rabisco em um desenho, que pode ser um rosto, um animal ou qualquer outra coisa. Quando estiver terminado, o jogador que fez o rabisco deve tentar adivinhar o que o desenho representa. Tente girar o papel para ajudar a visualizar o desenho!

Adivinhe o que Estou Desenhando

2+   5-99   Média

Em **Adivinhe o que Estou Desenhando**, os jogadores devem desenhar pistas em um papel para que os outros adivinhem o que é.

O Jogo:

Quem for começar pensa em um objeto e começa a desenhar um rascunho que represente apenas uma parte daquilo, mas com detalhes suficientes para dar uma pista quanto à sua identidade. Se nenhum dos jogadores conseguir adivinhar o que é, o "artista" desenha um pouco mais para dar uma pista extra. Se ainda não tiver sido adivinhado, outra pequena parte é adicionada, e assim por diante, até que alguém acerte. O vencedor escolhe o próximo objeto a ser adivinhado e desenha uma pequena parte dele, com o jogo prosseguindo como antes.

Com um pouco de habilidade e sagacidade, o jogador pode disfarçar o objeto sendo desenhado desmembrando-o em sua cabeça e mostrando apenas várias partes diferentes dele, compondo-as separadamente em uma série de detalhes. Se o objeto for um peixe, o "artista" pode desenhar uma nadadeira dorsal, depois uma parte do rabo, ou uma guelra, e assim por diante, até que alguém consiga juntar as partes mentalmente e adivinhar que é um peixe. Tente formas simples no começo, depois dificulte as coisas à medida que os disfarces artísticos melhoram.

Regras:
Os objetos devem ser apenas linhas – não vale sombras ou blocos sólidos, porque isso poderia tornar os objetos quase impossíveis de identificar, assim como demorar demais para desenhar!

Joquempô

2+   4-99   Fácil

O **Joquempô** é um jogo bem conhecido, que pode ser disputado por duas ou mais pessoas e costuma ser usado como método de seleção em vez do cara ou coroa.

Acredita-se que este jogo tenha sido praticado na China, na dinastia Han, no século II a.C, de acordo com um livro escrito durante a dinastia Ming, entre os séculos XIV e XVII d.C. Conhecido originalmente como "Os Gestos", já era quase universalmente conhecido em meados do século XX. Em alguns países, uma série diferente de objetos, mas sempre uma combinação ímpar (normalmente três e às vezes cinco), é usada. Qualquer que seja o número, o jogo é essencialmente o mesmo.

O Jogo:

Os jogadores fecham e erguem uma das mãos. Eles dizem, juntos, "Jó-Quem-Pô", baixando a mão fechada nas duas primeiras sílabas e, após a última sílaba, eles mudam as mãos simultaneamente, formando um dos gestos que representam pedra, papel ou tesoura, mostrando sua opção para os demais participantes.

Os gestos são:

- Pedra, representada pela mão fechada.
- Papel, representado pela mão aberta, com os dedos abertos e esticados.
- Tesoura, representada pelos dedos indicador e médio esticados e separados e os demais fechados.

O objetivo do jogo é escolher um gesto que derrote o do oponente. A hierarquia dos gestos é a seguinte:

- Pedra quebra tesoura, então pedra vence tesoura.
- Papel embrulha pedra, então papel vence pedra.
- Tesoura corta papel, então tesoura derrota papel.

Quem vencer três partidas em cinco ganha o jogo.

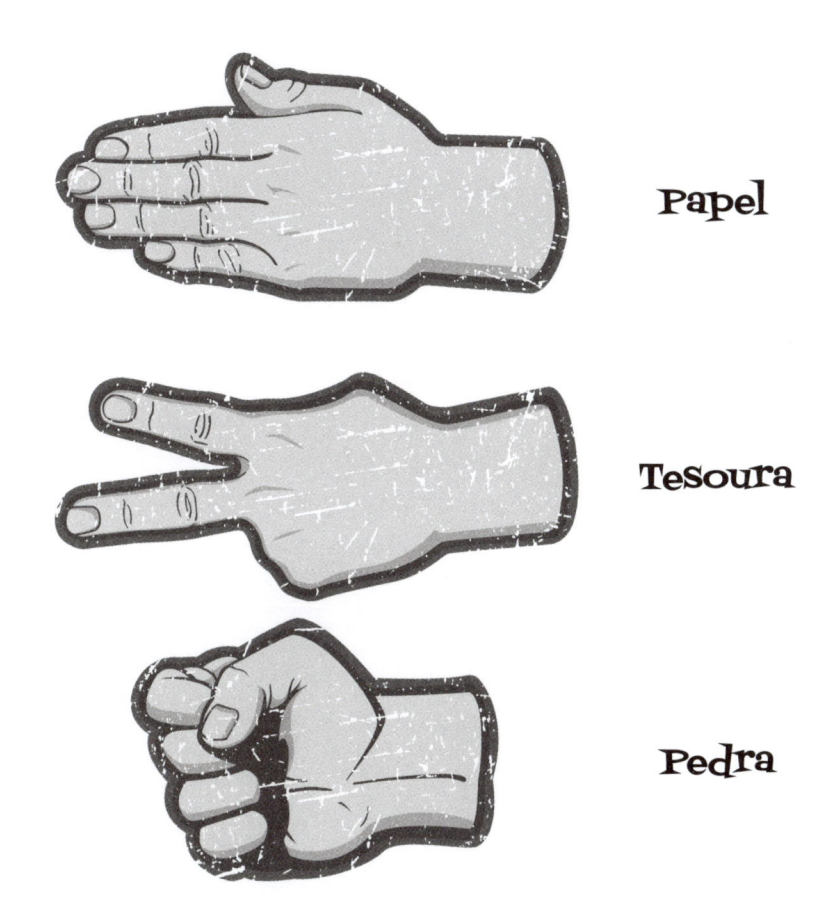

Papel

Tesoura

Pedra

Regras:
Se ambos os jogadores escolherem o mesmo gesto, o resultado é um empate e deve-se jogar novamente. Não vale esperar para ver o gesto do oponente – os jogadores devem fazer os gestos ao mesmo tempo. Com bastante esperteza, pode ser possível "ler" a mente de um oponente e vencer assim!

O Mestre Mandou

3+ **3-99** Fácil

O Mestre Mandou é um jogo para três ou mais participantes. Um deles assume o papel de "mestre" e os outros seguem suas instruções para realizar certas ações – mas só se forem precedidas pela frase "O mestre mandou...". Um estudo psicológico mostrou que o jogo pode ser um modo saudável de ajudar as crianças a melhorar o autocontrole e reprimir o comportamento impulsivo.

Ele começou a ser jogado na Roma Antiga, quando a frase latina "Cicero dicit fac hoc" ("Cícero diz para fazer") era usada – Cícero era uma figura política poderosa que baixava decretos. Em inglês, usa-se o nome Simon, o que remete ao ano de 1264, quando Simon de Montfort capturou o rei inglês Henrique III e o manteve prisioneiro no Castelo Lewes, em Sussex, na Inglaterra. Até que o filho de Henrique III, Eduardo, retomasse a coroa, o usurpador Simon de Montfort conseguia dar comandos e baixar decretos como se fossem feitos pelo rei Henrique – daí o termo "Simon diz".

O Jogo:

Um jogador é escolhido para ser o "mestre" – pode ser o vencedor de alguma brincadeira anterior. Ele dá os comandos, precedidos das palavras "O mestre mandou...", como em "O mestre mandou levantar os braços", e os outros jogadores devem fazer o que ele diz. Quem estiver no papel de mestre deve tentar enganar os outros para que façam algo sem ter dito primeiro "O mestre mandou", como em "Ponham a língua para fora".

Se o mestre disser apenas a ordem, sem a frase "O mestre mandou", quem se mexer ou obedecer está fora do jogo. O último que sobrar é o vencedor – apesar de ser possível que os dois últimos remanescentes se mexam ou obedeçam. Nesse caso, quem for o mestre continua nesse papel na rodada seguinte.

Regras:

Se for jogar no carro, o mestre não deve pedir aos outros que façam qualquer coisa perigosa para si mesmos ou para os outros, nem nada que possa distrair o motorista.

Um homem saiu de casa quando chovia forte sem nenhuma proteção, mas mesmo assim nenhum fio de cabelo dele ficou molhado. Como?

. Ele era careca.

Não Diga Uma Palavra

3+ | 5-99 | Média

Não Diga Uma Palavra é um jogo de mímica em que os participantes devem contar uma história ou responder a perguntas sem usar uma palavra específica.

O Jogo:

Escreva a palavra "proibida" em um papel. Os jogadores se revezam indicando o assunto da história que deverá ser contada por um jogador por vez, sem usar a palavra proibida. Quando chegarem à parte da história que contém a palavra proibida, os participantes devem fazer uma mímica para representar aquela palavra. Essa mímica pode ser feita usando-se movimentos da mão ou expressões faciais, mas não se podem usar palavras durante a parte da mímica. Todos os jogadores devem contar suas versões da história, usando uma mímica diferente no lugar da palavra proibida.

Qualquer assunto pode ser escolhido para a história, mas tenha cuidado ao escolher a palavra proibida para ver como ela será interpretada pelos jogadores na hora da mímica. Deve ser uma palavra com chances de aparecer mais de uma vez ao longo da história. Uma das palavras mais simples de serem interpretadas é "eu". Dificulte um pouco as coisas escolhendo uma palavra com mais de um sentido, como "roda" e um assunto relacionado a carro. A palavra "roda" pode ser interpretada de várias maneiras, como formando uma roda com os dedos ou fazendo um movimento circular.

Podem ser feitas diversas variações, ainda usando-se a mímica. Os jogadores podem, por exemplo, ter que interpretar toda uma parte da história em forma de mímica, como "Eu fui ao cinema ver um filme". Se houver um cinema por perto, por exemplo, é muita sorte. O próximo jogador pode ter que interpretar algo como "O filme era sobre os Três Mosqueteiros", e assim por diante.

Além de expressões faciais, os jogadores podem usar seus dedos para mostrar números, ou apontar para uma pista durante a parte da mímica. O jogo é só para diversão, mas os participantes podem votar em quem fizer a mímica mais original.

Variação:
Peça para cada jogador fazer uma mímica correspondente a uma palavra ou expressão. Isso vai ajudar os mais novos a se acostumarem com a ideia do jogo.

Regras:
É estritamente proibido falar durante a mímica – nem uma palavra!

Faça o que Eu Faço

2+   4-99   Fácil

Faça o que Eu Faço é um jogo de imitação que mantém as crianças ocupadas e dá alguns minutos de sossego para seus responsáveis.

O Jogo:

Quem for começar o jogo deve fazer uma série de gestos usando suas mãos, dedos, cabeça e rosto. Os outros devem imitar as ações feitas pelo primeiro jogador. Quem fez os gestos deve decidir quem realizou a melhor imitação. O vencedor é aquele que conseguir imitar corretamente os gestos do primeiro jogador, e é ele quem começará a próxima rodada.

Os gestos devem seguir uma sequência específica, como, por exemplo: duas viradas de cabeça, seguidas por levantar um braço à frente, depois mais duas viradas de cabeça etc. É surpreendente ver até onde vai a imaginação das crianças durante este jogo. Se os mais novos estiverem jogando, tente manter a sequência razoavelmente curta.

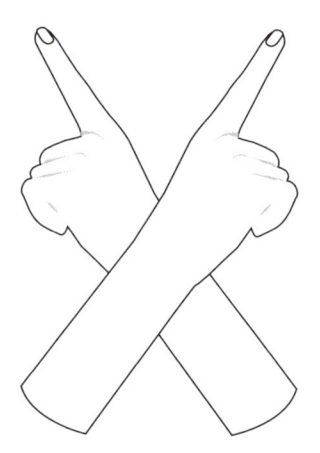

Regras:

Não vale encostar nos outros jogadores; tenha cuidado quando for mexer os braços para não esbarrar em ninguém. Não é permitido provocar (exceto para encorajar os mais novos!).

Jogo do Aceno

2+   2-99   Fácil

As crianças vão adorar o **Jogo do Aceno**. Ele não requer nenhuma habilidade específica, mas precisa de bastante entusiasmo por parte dos jogadores. É muito legal quando as pessoas dos outros carros acenam de volta!

O Jogo:

Este jogo pode ser apenas diversão ou feito de forma competitiva. Quando for só por diversão, todos os participantes acenam para as pessoas dos outros carros. Se elas retribuírem, todos no carro comemoram e acenam de volta. Este jogo é particularmente bom quando se estiver parado em um sinal de trânsito – ainda mais quando um ônibus com bastante gente para ao lado!

Em uma variante, apenas o passageiro do banco da frente acena. Os jogadores (ou equipes) escolhem um carro com mais de uma pessoa a bordo para que o ocupante do banco da frente acene. Se alguém desse outro carro acenar de volta, o jogador ou a equipe marca um ponto. No jogo por equipes, os dois times devem se revezar na indicação do carro para que se deve acenar – isso evita maiores confusões.

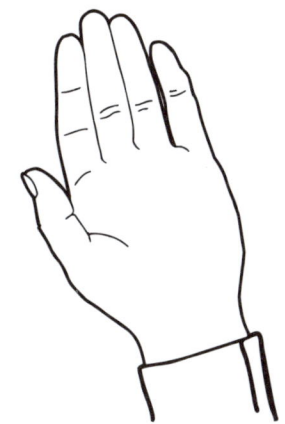

Regras:

Quem estiver dirigindo não deve jogar. Não se deve buzinar ou dar farol alto para atrair a atenção das pessoas dos outros carros. Intercale ao menos um veículo entre as rodadas, para garantir que o jogo seja justo para todos.

1, 2, 3, Fogo!

3+   4-99   Fácil

Acredita-se que **1, 2, 3, Fogo!** tenha surgido em bares, quando era usado para decidir de quem era a vez de pagar a próxima rodada de bebidas.

O Jogo:
Há diversas versões, sendo que a maioria delas pode ser jogada por dois, três ou mais pessoas. Na mais comum, ao comando "1, 2, 3, fogo!", todos põem as mãos para a frente, mostrando nenhum ou alguns dedos. O primeiro a adivinhar o total de dedos mostrados ganha um ponto. O primeiro a ganhar três pontos vence.

Variação:
Uma versão popular para dois jogadores é o famoso "par ou ímpar", em que eles escolhem entre par e ímpar e, ao comando "1, 2, 3, fogo!", ambos mostram um ou dois dedos. Se o número total de dedos der um número ímpar, o jogador que escolheu "ímpar" vence – do contrário, quem vence é aquele que escolheu "par".

Regras:
Apenas os dedos de uma das mãos podem ser usados.

Caras Engraçadas

2+   2-99   Fácil

Em **Caras Engraçadas**, os jogadores tentam fazer a cara mais engraçada – os avós e os mais jovens costumam vencer!

O Jogo:
É muito simples. Os jogadores se revezam fazendo caretas que sejam engraçadas ou bobas. Após a primeira rodada, os participantes decidem quem fez a mais divertida. O vencedor começa a rodada seguinte.

Variação:
Pode-se ver quem tem a cara mais engraçada entre as pessoas que estejam passando na rua, em outros carros ou em pontos de ônibus. Mas, atenção! – eles também podem estar jogando e escolhendo uma cara engraçada do seu grupo!

Regras:
Não vale usar objetos nem ajudar artificialmente a cara a ficar engraçada.

Jogo do Sério

2+   2-99   Fácil

Jogo do Sério envolve o grupo todo. O objetivo é tentar fazer alguém rir. Fácil? Tente!

O Jogo:
Um jogador deve ser escolhido para começar. Ele ou ela deve tentar fazer uma cara séria – e mantê-la séria, enquanto os outros tentam fazê-lo (ou a ela) rir ou sorrir (ou talvez franzir a testa). Quem conseguir fazer o primeiro jogador mudar de expressão vence e é o próximo sério.

Tente fazê-los rir ou sorrir com perguntas estranhas ou bobas – talvez barulhos?

Variação:
Todos os jogadores ficam sérios ao mesmo tempo. Quem ficar sério por mais tempo ganha.

Regras:
Os outros jogadores podem fazer quase tudo para mudar a expressão do sério. Eles podem fazer caretas, dizer algo engraçado ou o que quer que seja. Mas não vale tocar o jogador – então, nada de cócegas!

Mímica

2+ · 5-99 · Média

Mímica requer pouca ou nenhuma explicação, já que a maioria das crianças conhece a arte da mímica.

O Jogo:

Primeiro, cada jogador deve escrever um assunto em um papel. Esses assuntos são misturados sem que se possa ver o que cada um escreveu. Quem for começar deve, então, retirar um papel e, ainda escondendo-o dos outros, encenar o assunto do papel tirado. O primeiro a adivinhar será o próximo a fazer mímica. Todos os jogadores devem fazer uma mímica – se nenhum dos outros adivinhar algum assunto, aquele mímico perde e fica fora do restante da rodada.

Regras:

Não vale olhar enquanto seu vizinho (ou qualquer outro jogador) está escrevendo o assunto. Se um jogador puxar o papel que ele mesmo havia escrito, é simplesmente sorte dele.

Vidente

1+	5-99	Média

Vidente é um jogo divertido que testa o poder de concentração e a imaginação dos participantes, enquanto eles fazem seus próprios "videntes" de uma folha de papel em branco usando uma forma de origâmi.

O Jogo:

Primeiro, cada jogador deve fazer seu próprio vidente seguindo as instruções abaixo e o diagrama.

Os cantos de uma folha de papel (1) são dobrados de encontro aos lados opostos (2 e 3) e (se o papel não for quadrado) o topo é cortado ou cuidadosamente rasgado (4), formando uma folha quadrada com vincos diagonais (5).

Os quatro cantos do papel são dobrados em direção ao centro (6), tomando-se cuidado para não dobrar além dos vincos. Isso forma a figura vista em 7. O quadrado menor resultante é virado (8) e os quatro cantos são dobrados em direção ao centro mais uma vez (9 e 10). Todos os quatro cantos são dobrados de modo a se encontrarem no meio (11), e o jogador deve passar os dedos pelos bolsos de papel em cada um dos quatro cantos (12). O vidente de papel está pronto para ser decorado, pintado e numerado de acordo com a sorte que o jogador escolher escrever.

Os oito triângulos de dentro devem ser numerados de 1 a 8 ou pintados de cores diferentes, do lado de dentro ou de fora. Sob cada uma das dobras uma previsão do futuro para a pessoa cuja sorte deverá ser lida deve estar escrita – isso pode ser: você será rico e famoso ou encontrará um estranho alto etc. Certifique-se de que a inscrição caiba no triângulo imediatamente abaixo da cor ou número.

Para usar o vidente, o jogador deve segurar os quatro cantos do origâmi inserindo o indicador e o polegar de ambas as mãos nos bolsos de baixo (12). Mantendo dois pares de cantos juntos, os outros dois pares são separados de modo que apenas quatro dos oito triângulos fiquem visíveis. Os dedos são abertos e fechados em pares opostos, de modo que os números ou cores que ficam visíveis se alternem a cada movimento.

Uma pessoa pergunta à que tem o vidente: "Você pode ver o meu futuro?" Quem estiver com o vidente na mão pergunta um número ou uma cor. Quando isso for escolhido, usam-se os dedos para alternar entre os dois grupos dentro do vidente o número pedido de vezes (ou o número de letras que houver na cor escolhida).

Quando os movimentos terminarem, a pessoa escolhe uma das abas visíveis e vê a previsão escrita ali dentro.

Países do Mundo

1+   10-99   Média a Difícil

Você consegue identificar o país pela bandeira?

(Respostas no final do livro, página 75.)

Povos e Populações

1+ 10-99 Média a Difícil

1. Um refugiado é alguém que:
    a. foi forçado a deixar uma área.
    b. vai a um novo país em busca de fama e fortuna.
    c. se estabelece em uma região diferente daquela em que nasceu.

2. Pessoas que vêm morar em um novo país são:
    a. emigrantes
    b. imigrantes

3. A população é razoavelmente bem distribuída por todo o planeta.
    a. Verdadeiro
    b. Falso

4. A maioria da população vive em uma pequena porção da superfície terrestre.
    a. Verdadeiro
    b. Falso

5. Qual área tem a menor densidade populacional?
    a. Sul e Leste da Ásia
    b. Leste da América do Norte
    c. Europa
    d. Norte da África

6. "Urbano" se refere:
    a. à cidade
    b. ao campo

7. Características de população incluem língua, religião e costumes.
    a. Verdadeiro
    b. Falso

(As respostas podem ser encontradas no final do livro, na página 75.)

Animais

1+   10-99   Média a Difícil

Escreva as respostas, depois verifique quantas você acertou.
(Respostas no final do livro, na página 75.)

1. Qual alimento responde por quase toda (cerca de 99%) a dieta do panda-gigante?
2. Verdadeiro ou falso? Os ratos vivem até 10 anos.
3. Qual o nome da fobia que envolve um medo anormal de aranhas?
4. Qual o maior felino do mundo?
5. Verdadeiro ou falso? Os crocodilos não têm glândulas sudoríparas, então abrem a boca para liberar calor.
6. As águias são muito boas para encontrar presas a longas distâncias. Por quê?
7. Como se chamam as fêmeas de elefante?
8. Verdadeiro ou falso? As corujas podem girar totalmente a cabeça para trás, o que lhes permite uma visão de 360 graus.
9. As abelhas são encontradas em todos os continentes do mundo, menos um. Qual?
10. Verdadeiro ou falso? Os gatos passam de 13 a 14 horas do dia dormindo.
11. Qual o animal terrestre mais rápido do mundo?
12. Que tipo de animal é uma "corça"?
13. Verdadeiro ou falso? Pumas são herbívoros.
14. Qual o nome dado aos grupos de leões?
15. O golfinho é um mamífero?

Espaço e Planetas

1+   10-99   Média a Difícil

Quanto você sabe sobre planetas, estrelas, luas, astronautas, nosso sistema solar e a galáxia? (Compare suas respostas com as que damos no final do livro, página 75.)

1. Qual o planeta mais próximo do Sol?
2. Qual o nome do segundo maior planeta do nosso sistema solar?
3. Qual o planeta mais quente do nosso sistema solar?
4. Qual planeta é famoso por sua grande mancha vermelha?
5. Qual planeta é famoso pelos belos anéis que o cercam?
6. Os humanos conseguem respirar normalmente no espaço, assim como na Terra?
7. O sol é uma estrela ou um planeta?
8. Quem foi a primeira pessoa a caminhar sobre a Lua?
9. Qual o planeta conhecido como Planeta Vermelho?
10. Qual o nome da força que nos prende à Terra?
11. Os humanos já pisaram em Marte?
12. Qual o nome do lugar que usa telescópios e outros equipamentos científicos para pesquisar o espaço e a astronomia?
13. Qual o nome do telescópio espacial mais famoso da Nasa?
14. Em qual galáxia a Terra está localizada?

O que flutua na água, é leve como uma pluma, mas não pode ser carregada por mil homens?

Uma bolha.

Quente ou Frio?

1+   10-99   Média a Difícil

Descubra se você prestou bastante atenção ao que ensinaram nas aulas de ciências (ou ao que você leu por aí). (As respostas certas estão no final do livro, na página 75.)

1. Verdadeiro ou falso? O ponto de ebulição da água é 100°C.
2. Quando a água é resfriada, ela se expande ou se contrai?
3. O calor do Sol chega à Terra por radiação, condução ou convenção?
4. Qual a temperatura de fusão da água?
5. Verdadeiro ou falso? Kelvin, Celsius e Farenheit são medidas de temperatura.
6. Verdadeiro ou falso? 100 graus Kelvin é a temperatura do zero absoluto.
7. Como se chamam as substâncias que não conduzem calor?
8. Verdadeiro ou falso? O calor é uma forma de energia.
9. A que temperatura Farenheit e Celsius têm o mesmo valor?
10. Qual o instrumento usado para medir a temperatura? a. barômetro b. termômetro c. anemômetro
11. Qual a temperatura corporal normal de um adulto saudável e em repouso?
12. Qual a temperatura mais quente à sombra já medida na superfície terrestre?
13. Qual a temperatura mais fria já registrada na Terra?

Cães

1+ 10-99 Média a Difícil

Cães são fofos e brincalhões quando filhotes e logo se tornam animais de estimação obedientes (?) que fazem a alegria de quem os tem por perto. São companhias maravilhosas. Quanto você sabe sobre eles? Tente responder a essas perguntas para ver se você realmente conhece os cães. (As respostas estão no final do livro, na página 76.)

1. O cão doméstico é carnívoro, herbívoro ou onívoro?
2. Verdadeiro ou falso? Como a maioria dos mamíferos, os cães enxergam em cores, mas sua visão é similar ao daltonismo nos humanos.
3. Qual o sentido mais apurado dos cães?
4. A vida média dos cães vai de 5 a 8, de 10 a 13 ou de 15 a 18 anos?
5. Qual a raça mais popular de cães nos Estados Unidos?
6. Verdadeiro ou falso? Os cães são suscetíveis a parasitas como carrapatos, ácaros e pulgas.
7. Quem tem a melhor audição: um humano ou um cachorro?
8. Qual o nome da fobia de alguém que tem medo de cães?
9. Verdadeiro ou falso? O cão mais alto do mundo mede cerca de 1,5 m.
10. Por causa de seu relacionamento único com os humanos, o cão é chamado de o melhor o quê do homem?
11. Qual a menor raça de cachorro?
12. Qual a maior raça de cachorro?

Ciência Esportiva

1+   10-99   Média a Difícil

Bom de esportes? Acha que sabe muito sobre o assunto? Estas perguntas são para você! (As respostas estão no final do livro, na página 76.)

1. O que desacelera mais rápido: uma peteca de badminton ou uma bola de beisebol?

2. Verdadeiro ou falso? Uma menor tensão nas cordas de uma raquete de tênis produz mais controle e menos força.

3. No curling, modalidade das Olimpíadas de Inverno, de que tipo de rocha são feitas as pedras lançadas?

4. Verdadeiro ou falso? As medalhas de ouro olímpicas contêm mais prata que ouro.

5. Qual a altura regulamentar de uma tabela de basquete?

6. A lesão crônica conhecida como fascite plantar afeta as mãos ou os pés?

7. Verdadeiro ou falso? O astronauta Alan Shepard deu uma tacada em uma bola de golfe na Lua, em 1971.

8. Qual estilo de natação costuma ser mais lento: nado livre, costas, peito ou borboleta?

9. Verdadeiro ou falso? A distância oficial da maratona é de 44 quilômetros.

10. Uma lesão no ligamento cruzado anterior afeta o seu braço ou a sua perna?

11. Verdadeiro ou falso? Seu corpo só produz ácido lático durante atividade física intensa.

12. Os corredores masculinos de 100 metros correm a uma velocidade média acima ou abaixo dos 32 km/h?

Tribos e Costumes

1+   10-99   Média a Difícil

Este é um teste divertido que vai por à prova seus conhecimentos sobre nossos vizinhos de planeta Terra. (As respostas estão no final do livro, na página 76, mas tente responder antes de olhar!)

1. Qual a língua mais falada no continente africano?
   - a. Inglês
   - b. Francês
   - c. Árabe
   - d. Swahili

2. A que tribo nativa americana o chefe Touro Sentado pertencia?
   - a. Apache
   - b. Dakota
   - c. Pawnee

3. Onde vive o povo maori?
   - a. Nova Guiné
   - b. Tonga
   - c. Austrália
   - d. Nova Zelândia

4. Qual país moderno foi o centro do império inca na América do Sul pré-colombiana?
   - a. Brasil
   - b. Chile
   - c. Argentina
   - d. Peru

5. A Dança do Mastro é típica de qual país?
   - a. Inglaterra
   - b. Suécia
   - c. Espanha
   - d. Portugal
   - e. Alemanha

Inventores e Invenções

1+   10-99   Média a Difícil

Quem criou o primeiro...? Quando foi...? Veja se você sabe algumas destas. (As respostas estão no final do livro, na página 76.)

1. Quem inventou o telescópio refletivo?
2. Em que ano o Kevlar começou a ser comercializado: 1969, 1971 ou 1975?
3. Em 1967, Christiaan Barnard foi o primeiro a saltar de costas, receber um transplante cardíaco ou orbitar a Lua?
4. Ladislao e Georg Biro inventaram a caneta esferográfica em 1912, 1927, 1938 ou 1952?
5. Em 1967, Ralph Baer inventou a garrafa térmica, a lancha motorizada, o videogame ou o olho artificial?
6. O primeiro coador de café de papel foi inventado em 1908 por James Starbuck, Alan Brazil, Melitta Bentz ou Ronald McDonald?
7. Em 1923, o congelamento rápido de alimentos foi inventado por Thomas Wall, Clarence Birdseye, Arthur Kellogg ou Ben e Jerry?
8. As primeiras batatas chips foram inventadas por George Crum em que ano: 1853, 1904, 1926 ou 1949?
9. A primeira lâmina de barbear descartável foi inventada, em 1901, por Brian Wilkinson, Edward Ronson, King Camp Gillette ou Sweeney Todd?
10. A vaca-preta (mistura de sorvete com refrigerante) foi inventada (e provada!) por Robert Green em 1799, 1874, 1907 ou 1914?

Estradas e Veículos

1+   10-99   Média a Difícil

Você está na estrada, viajando em um automóvel – quanto você sabe sobre a forma mais comum de transporte do mundo? (As respostas estão no final do livro, na página 76.)

1. Quem fez a primeira viagem em um veículo movido por um motor de combustão interna, em 1888: Henry Ford, Fred Talbot, Bertha Benz ou Austin Morris?

2. Qual a distância aproximada dessa viagem: 3,2 quilômetros, 21 quilômetros, 45 quilômetros ou 96 quilômetros?

3. A primeira via de mão dupla foi aberta, em 1921, em qual país: Inglaterra, Alemanha, Itália ou Estados Unidos?

4. Apesar de o pedágio existir desde o século XVI, quando foi estabelecida a primeira rede nacional de pedágios: século XVIII, século XIX ou século XX?

5. De acordo com o Guinness Book of Records, qual a estrada mais longa do mundo: a Rota 66 (EUA), a M6 (Inglaterra), a Auto-route 1 (França), a rodovia Pan-Americana ou a Trans-veldt (África do Sul)?

6. Qual a extensão da estrada da pergunta anterior: 1.931 quilômetros, 6.384 quilômetros, 47.958 quilômetros, 1.541 quilômetros ou 1.044 quilômetros?

7. Qual a marca e o modelo do carro que está há mais tempo sendo fabricado: Aston Martin DB9, BMW Z3, Morgan 4/4, Volkswagen Fusca ou Fiat 600?

8. O carro mais comprido já produzido em todos os tempos foi o Cadillac Fleetwood 75 (1972-74). Qual era o seu comprimento: 6,4 metros, 5 metros ou 7,3 metros?

Comida e Suas Origens

1+   10-99   Média a Difícil

Quanto você sabe sobre a sua comida? Responda a este divertido questionário e descubra! (As respostas estão no final do livro, na página 76.)

1. A "paella", feita com arroz, vem de que país?
2. A carne de bezerro é conhecida por qual nome?
3. Qual alimento é usado como base para o guacamole?
4. A variedade de vegetais, frutas, carnes, grãos, ervas e temperos usados para cozinhar recebe qual nome?
5. Verdadeiro ou falso? A Índia é o maior produtor mundial de bananas.
6. Qual a substância doce fabricada pelas abelhas?
7. Verdadeiro ou falso? O McDonald's tem restaurantes em mais de 100 países ao redor do mundo.
8. A franquia Pizza Hut é originária de qual país?
9. Alimentos ricos em amido, como massa e pão, são conhecidos por qual palavra que começa com a letra C?
10. Verdadeiro ou falso? Gorduras trans fazem bem à saúde.
11. Qual o outro nome da mandioca?
12. Como são chamados os alimentos feitos de frutas cítricas, açúcar e água?

Animais Pré-Históricos

1+   10-99   Média a Difícil

Quanto você sabe sobre as criaturas que viveram na Terra há milhões de anos – os dinossauros? Quais deles eram herbívoros e quais eram carnívoros e sobre quantas patas eles andavam? (Tente este questionário difícil – palmas para você se conseguir acertar todas as perguntas – as respostas estão no final do livro, na página 77.)

1. Quantos chifres tinha o tricerátopes?
2. Verdadeiro ou falso? O nome "dinossauro" significa "lagarto terrível".
3. Qual período veio primeiro: o Jurássico ou o Cretáceo?
4. O diplodocus era carnívoro ou herbívoro?
5. Verdadeiro ou falso? O *Tyranossaurus rex* foi o maior dinossauro de todos.
6. Verdadeiro ou falso? O iguanodom foi um dos três dinossauros que inspiraram o Godzilla.
7. Os terópodes, como o alossauro e o carnossauro, se moviam em duas ou quatro patas?
8. Os apatossauros são conhecidos por qual outro nome?
9. Verdadeiro ou falso? A maioria dos dinossauros foi extinta em um evento que ocorreu há 500 anos.
10. Qual era o comprimento da mandíbula de um *Tyranossaurus rex* adulto?
11. Verdadeiro ou falso? Fósseis de dinossauros foram encontrados em todos os continentes da Terra.
12. Qual livro inspirado em dinossauros foi transformado em filme, em 1993?

O Corpo Humano

1+   10-99   Média a Difícil

Você conhece bem o seu corpo? Descubra, acertando o maior número possível de perguntas deste questionário. (As respostas estão no final do livro, na página 77.)

1. Qual o principal órgão do sistema nervoso?
2. A parte colorida do olho humano, que controla a quantidade de luz que passa através da pupila, é chamada de...
3. Qual o nome da substância que dá à pele a sua pigmentação?
4. Qual o nome dos músculos encontrados na parte da frente da sua virilha?
5. Verdadeiro ou falso? As duas câmaras inferiores do coração se chamam ventrículos.
6. Qual a substância que forma as unhas?
7. Qual o maior órgão do corpo humano?
8. O que há na parte mais interna dos ossos?
9. Verdadeiro ou falso? O corpo de um humano adulto tem mais de 500 ossos.
10. Quantos pulmões o corpo humano possui?
11. Em que parte da garganta ficam as cordas vocais?
12. Qual o nome dos dois buracos no seu nariz?
13. A língua contém estruturas especiais que permitem a você perceber sabores como doce, amargo, azedo e salgado. Qual o nome delas?
14. Qual o nome dos ossos que compõem a sua espinha?
15. Como é conhecido o formato do DNA?

Matemática e Números

1+   **10-99**   Média a Difícil

Ponha à prova o seu conhecimento de matemática, geometria e números. A quantas destas questões você consegue responder corretamente? (Quando tiver terminado, vá ao final do livro para as respostas, na página 77.)

1. Qual número primo vem depois de 7?
2. Qual o outro nome do perímetro de um círculo?
3. 65-43 = ?
4. Verdadeiro ou falso? Uma forma convexa é curvada para fora.
5. Qual a raiz quadrada de 144?
6. Verdadeiro ou falso? Pi pode ser escrito corretamente em forma de fração.
7. O que vem após o milhão, o bilhão e o trilhão?
8. 52 dividido por 4 é igual a quanto?
9. Qual número é maior, um googol ou um bilhão?
10. Verdadeiro ou falso? Os ângulos opostos de um paralelogramo são iguais.
11. 87 + 56 = ?
12. Quantos lados tem um eneágono?
13. Verdadeiro ou falso? -2 é um número inteiro.
14. Qual o número seguinte na sequência de Fibonacci: 0, 1, 1, 2, 3, 5, 8, 13, 21, 34, ?

Metais e Elementos

1+   10-99   Média a Difícil

Teste seus conhecimentos com este desafio de ciências e veja quanto você sabe sobre metais. (Confira na página 77 como você se saiu.)

1. Qual o símbolo químico do ouro?
2. Verdadeiro ou falso? O aço é um elemento químico.
3. Qual o metal mais comum encontrado na Terra?
4. Verdadeiro ou falso? O sódio é um metal bastante reativo.
5. Quais os três tipos de medalhas metálicas dadas nas Olimpíadas?
6. Verdadeiro ou falso? A ligação de metal com metal é chamada de ligação metálica.
7. O bronze é feito de quais dois metais?
8. Qual o único metal líquido à temperatura ambiente?
9. Verdadeiro ou falso? A prata sterling tem menos de 50% de prata em sua composição.
10. Qual metal tem o símbolo Pb?
11. Qual o elemento mais abundante no universo?
12. Qual o metal mais duro da Terra?
13. Quais são os oito metais "nobres" geralmente aceitos?
14. Nomeie dois elementos que sejam líquidos à temperatura ambiente.
15. Gelo seco é a forma sólida de qual gás?

As Montanhas Mais Altas

1+   10-99   Média a Difícil

1. Você sabia que as 100 montanhas mais altas do mundo estão localizadas no centro e no sul da Ásia? Talvez, não.

   No entanto, quase todo mundo sabe que o monte Everest é a maior montanha do mundo, com 8.848 metros, mas você sabe quais as montanhas mais altas destes continentes?

   a. Europa
   b. África
   c. América do Sul
   d. Austrália
   e. América do Norte

2. Qual montanha vulcânica entrou em erupção e enterrou Pompeia, em 79 d.C.?
3. Qual a montanha mais alta do Japão?
4. Em que continente se localiza o monte Atlas?
5. Qual cadeia montanhosa fica na fronteira entre a Europa e a Ásia?
6. Qual cadeia montanhosa passa por Venezuela, Colômbia, Equador, Peru, Bolívia, Chile e Argentina?

(Algumas dessas são bem difíceis – se você não souber (ou desistir!), veja as respostas no final do livro, na página 77.)

Onde a quarta vem antes da terça?

No dicionário.

Invente Seus Próprios Jogos

1+   10-99   Média

Por que não inventar alguns jogos por conta própria?

Esperamos que alguns dos jogos deste livro tenham divertido e mantido ocupadas as crianças durante sua viagem e ajudado a passar o tempo. Muitos deles são tradicionais, mas sempre há espaço para uma nova versão ou variação de um jogo já existente.

Talvez, sua família já tenha tentado usar regras próprias em um jogo ou modificado-as para atender às circunstâncias. Nesse caso, vocês podem estar prontos para tentar criar alguns jogos por conta própria.

As categorias utilizadas neste livro podem formar um ponto de partida para decidir que tipo de jogo pode ser inventado. Como dificilmente há material de referência dentro do carro (sem contar o papai e a mamãe), é pouco provável que jogos de perguntas e respostas façam muito sucesso – mas é você quem sabe! É muito melhor se ater ao básico e não tentar nada muito complicado num primeiro momento – isso pode ficar para depois.

Os tipos de jogos que simplesmente se amparam nos poderes de observação dos participantes tendem a ser os que mais satisfazem. Jogos de contagem simples são surpreendentemente populares com as crianças mais novas, que querem mostrar seu domínio dos números, assim como os jogos que combinam números e cores.

Ideias para jogos de observação podem ser inspiradas nos cenários fora do carro. Apenas olhar pode ajudar: se estiver viajando por uma vasta área aberta, é pouco provável que se vejam coisas típicas de uma rua movimentada. Nessa situação, animais, fazendas e outros objetos rurais serão mais comumente vistos.

As idades dos passageiros devem ser levadas em conta por quem estiver tentando inventar um jogo, já que as necessidades e a imaginação de uma criança de cinco anos serão bem diferentes daquelas de uma faixa etária mais alta.

O grupo mais velho provavelmente se interessará mais por jogos que requeiram lápis e papel. Há bastante espaço para jogos criativos que usam palavras ou números: a parte difícil é tentar inventar um jogo que não tenha sido jogado antes – ao menos, não pelos ocupantes do carro! Ideias para jogos que envolvam palavras ou letras, ou números e diagramas, mantêm a mente ocupada – o que é parte do objetivo!

Desde jogos de palavras simples até passatempos que puxem mais para as palavras cruzadas, há muitas variações para serem descobertas. Jogos de estratégia que usam diagramas em papel oferecem toda uma gama de possibilidades. Apenas deixe a imaginação correr solta!

Respostas:

P.16 - Embaralhadas

Jogo 1:

a) AZUL b) LARANJA c) AMARELO d) ROXO e) VERDE f) ROSA
g) MARROM h) PRETO i) ÍNDIGO j) BRANCO

Jogo 2:

a) VACA b) BODE c) OVELHA d) ANTÍLOPE e) ELEFANTE f) TIGRE
g) TUBARÃO h) URSO-POLAR i) LEOPARDO j) LINCE

Jogo 3:

a) ELISA b) JORGE c) MARTIN d) PAMELA e) DÉBORA f) MADALENA
g) CHRISTINA h) KELLY i) AMANDA k) DONALD

Jogo 4:

a) TULIPA b) MARGARIDA c) JACINTO d) NARCISO e) ORQUÍDEA f) CRISÂNTEMO
g) VIOLETA h) ROSA i) CAMÉLIA j) GIRASSOL

Jogo 5:

a) NEW YORK b) SYDNEY c) BERLIM d) ROMA e) MUMBAI f) SÃO PAULO
g) JOHANNESBURGO h) ANCARA i) WELLINGTON j) ACRA

Jogo 6:

a) TÊNIS b) FUTEBOL c) CRÍQUETE d) GOLFE e) HÓQUEI f) BASEBALL g) RÚGBI h) ATLETISMO
i) SKATE j) CICLISMO

P. 20 - Velocidade Média

1. 3 horas (135 quilômetros ÷ 45 km/h = 3 horas)
2. 52 quilômetros (8 km/h x 6.5 horas = 52 quilômetros)
3a. 54 km/h (216 quilômetros ÷ 4 horas = 54 km/h)
3b. 6.5 horas (351 quilômetros ÷ 54 km/h = 6.5 horas)
4. 3 horas (45 quilômetros ÷ 15 km/h = 3 horas)
5. 10 quilômetros (4 km/h x 2.5 horas = 10 quilômetros)

6. 60 km/h (300 quilômetros ÷ 5 horas = 60 km/h)
7. 63 quilômetros (1.5 hora x 42 km/h = 63 quilômetros)
8. 5.5 horas (385 quilômetros ÷ 70 km/h = 5.5 horas)

P. 56 - Países do Mundo

1. Argentina 2. Austrália 3. Brasil 4. Canadá 5. China 6. Cuba 7. Egito 8. França 9. Alemanha 10. Índia 11. Iraque 12. Jamaica 13. Japão 14. México 15. Países Baixos 16. Panamá 17. Portugal 18. África do Sul 19. Coreia do Sul 20. Suécia

----

P. 57 - Povos e Populações

1. a 2. b 3. b 4. a 5. d 6. a 7. a

P. 58 - Animais

1. Bambu. 2. Falso – Ratos criados em cativeiro vivem por até dois anos e meio, enquanto os selvagens vivem, em média, cerca de quatro meses. 3. Aracnofobia. 4. O tigre, que pesa cerca de 300 quilos. 5. Verdadeiro – Eles costumam dormir de boca aberta para se resfriarem. 6. Porque têm uma visão excelente. 7. Aliás 8. Falso – Seu ângulo de visão é de cerca de 270 graus. 9. Antártida. 10. Verdadeiro. 11. A cheetah, que pode chegar a 33 km/h. 12. Uma espécie de veado. 13. Falso – são carnívoros. 14. Alcateia. 15. Sim.

P. 59 - Espaço e Planetas

1. Mercúrio. 2. Saturno. 3. Vênus. 4. Júpiter. 5. Saturno. 6. Não. 7. Uma estrela. 8. Neil Armstrong. 9. Marte. 10. Gravidade. 11. Não. 12. Observatório. 13. Telescópio Espacial Hubble. 14. Via Láctea.

P. 60 - Quente ou Frio?

1. Verdadeiro. 2. Expande-se. 3. Radiação. 4. 0°C. 5. Verdadeiro. 6. Falso. 0°K (Kelvin). 7. Isolantes. 8. Verdadeiro. 9. -40°C. 10. b. Termômetro. 11. 37°C. 12. 57°C em Al Aziziyah, na Líbia, em 1922. 13. -89°C, na Estação Vostock, na Antártida, em 1983.

P. 61 - Cães

1. Onívoro – os cães podem comer uma variedade de alimentos, incluindo grãos e vegetais, como parte de suas necessidades nutricionais sem precisar exclusivamente de carne. 2. Verdadeiro. 3. Seu olfato. 4. 10 a 13 anos. 5. O labrador retriever. 6. Verdadeiro. 7. O cão – os cães ouvem tanto acima como abaixo dos humanos no espectro de frequências; podem localizar a origem do som muito mais rápido e ouvir sons que estão quatro vezes mais distantes, em comparação ao que os humanos conseguem. 8. Cinofobia. 9. Falso – o cão mais alto é um dinamarquês que mede 1,07 metro no topo do ombro. 10. Amigo. 11. Chihuahua. 12. Dinamarquês.

P. 62 - Ciência Esportiva

1. Peteca. 2. Falso (menos controle, mais força). 3. Granito. 4. Verdadeiro. 5. 3 metros. 6. Pés. 7. Verdadeiro. 8. Peito. 9. Falso – 42,195 quilômetros. 10. Perna. 11. Falso (é produzido o tempo todo). 12. Acima – cerca de 36 km/h.

P. 63 - Tribos e Costumes

1. c. 2. b. 3. d. 4. d. 5. Todos eles!

P. 64 - Inventores e Invenções

1. Isaac Newton, em 1668. 2. 1971. 3. Transplante cardíaco. 4. 1938. 5. Videogame. 6. Melitta Bentz. 7. Clarence Birdseye. 8. 1853. 9. King Camp Gillette. 10. 1874.

P. 65 - Estradas e Veículos

1. Bertha Benz. 2. 96 quilômetros. 3. Itália. 4. Século XVIII. 5. Rodovia Pan-Americana. 6. 47.958 quilômetros. 7. Morgan 4/4, de 1936 até hoje. 8. 6,4 metros.

P. 66 - Comida e Suas Origens

1. Espanha. 2. Vitela. 3. Abacate. 4. Ingredientes. 5. Verdadeiro. 6. Mel. 7. Verdadeiro. 8. Estados Unidos. 9. Carboidratos. 10. Falso. 11. Macaxeira. 12. Marmelada.

P. 67 - Animais Pré-Históricos

1. Três. 2. Verdadeiro. 3. O Período Jurássico. 4. Herbívoro. 5. Falso. 6. Verdadeiro. 7. Duas. 8. Brontossauros. 9. Falso (65 milhões de anos atrás). 10. 1.2 m. 11. Verdadeiro. 12. *Parque dos Dinossauros*.

P. 68 - O Corpo Humano

1. Cérebro. 2. Íris. 3. Melanina. 4. Quadríceps. 5. Verdadeiro. 6. Queratina. 7. A pele. 8. Medula óssea. 9. Falso (há 206). 10. Dois. 11. Laringe. 12. Narinas. 13. Papilas gustativas. 14. Vértebras. 15. Dupla hélice.

P. 69 - Matemática e Números

1. 11. 2. Circunferência. 3. 22. 4. Verdadeiro. 5. 12. 6. Falso. 7. Um quatrilhão. 8. 13. 9. Um googol. 10. Verdadeiro. 11. 143. 12. 9. 13. Verdadeiro. 14. 55.

P. 70 - Metais e Elementos

1. Au. 2. Falso — é uma liga. 3. Ferro. 4. Verdadeiro. 5. Ouro, prata e bronze. 6. Verdadeiro. 7. Cobre e estanho. 8. Mercúrio. 9. Falso — Acima de 92%. 10. Chumbo. 11. Hidrogênio. 12. A liga 1090, um aço altamente carbonado. 13. Rutênio, ródio, paládio, prata, ósmio, irídio, platina e ouro. 14. Bromo e mercúrio. 15. Dióxido de carbono.

P. 71 - As Montanhas Mais Altas

1. (a.) Mont Blanc, 4.810m, fronteira França-Itália. (b.) Monte Kilimanjaro, 5.895m, na Tanzânia. (c.) Aconcágua 6.959m, Cordilheira dos Andes, Argentina. (d.) Monte Kosciuszko, 2.228m, Cordilheira Australiana, Nova Gales do Sul. (e.) Monte McKinley, 6.196m, Alasca. 2. Monte Vesúvio. 3. Monte Fuji. 4. África. 5. Urais. 6. Andes.

Agradecimentos

A autora gostaria de agradecer a seus quatro filhos e sete netos pelas experiências que tivemos juntos em tantos anos de viagens de carro. A maior parte dos jogos e passatempos deste livro foi rigorosamente testada por eles.—J.A.

Créditos

Imagens cortesia de Shutterstock, iStockphoto, KG e MG.

LIVROS COQUETEL
Para deixar em forma a parte mais importante do seu corpo:
O CÉREBRO

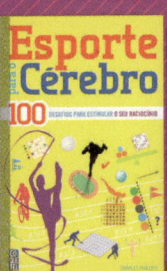

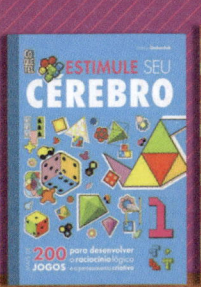

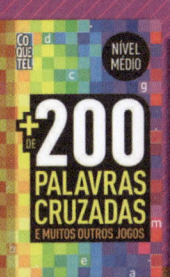

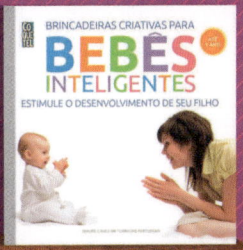

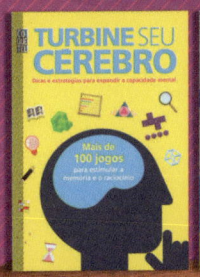

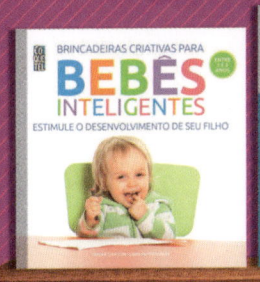

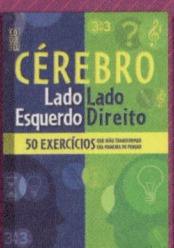

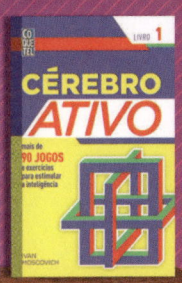

COMPRE ESTES E OUTROS LIVROS NA LOJA SINGULAR lojasingular.com.br/coquetel